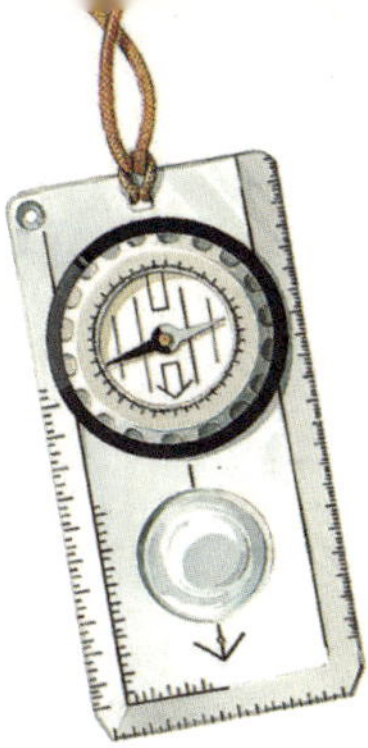

Carnets de Nature

L'ORIENTATION

Cécile Arbona
Conseiller scientifique : Christian Weiss
Illustrations de Frédéric Pillot

MILAN

Ton carnet a été conçu pour que tu puisses t'en servir directement dans la nature : grâce à son petit format, tu peux facilement le glisser dans ta poche ou ton sac à dos, et l'avoir ainsi toujours avec toi lors de tes balades-découvertes.

Ton carnet d'orientation te présente d'abord tous les instruments qui te permettent de te repérer sur le terrain : cartes, boussoles, sextants, compas. Il t'indique aussi la façon de t'orienter avec les moyens naturels : soleil, vent, nuages, lune, étoiles, végétaux. Il t'enseigne enfin à bien lire les balises installées sur les chemins par les gardes forestiers ou les associations de randonneurs.

Sommaire

*Page 30, un **index** te permettra de retrouver rapidement la notion que tu cherches.*

Chaque double page te propose une activité
en rapport avec l'orientation.

Pour chaque activité, tu trouveras :

*Le **nom** de l'action à réaliser, qui est aussi répertoriée dans l'index de la page 30.*

*Un **texte général** qui te présente cette activité.*

12

Orienter une carte

Cela signifie que tu dois la tourner pour que le nord de ta carte (qui donne généralement le nord géographique) corresponde au nord du paysage. Facile ! Aligne l'axe nord-sud de ta boussole sur le côté vertical de la carte et fais pivoter le tout, jusqu'à ce que l'aiguille pointe dans la même direction.

Deux conseils

→ Ne range pas ta boussole avec d'autres objets en métal. Au contact de leur champ magnétique, elle serait toute désorientée... Autrement dit, inutilisable !

→ Ta boussole est fragile. Pas d'expositions prolongées au soleil, de chocs ou de manipulations brutales. Évite l'humidité (pour les modèles non étanches).

Azimuté !

Pour aller dans une direction précise, prends ton azimut. Repère sur la carte l'endroit où tu te trouves (A) et celui où tu veux te rendre (B). Oriente ta carte. Trace une droite allant du point A au point B. Pose ta boussole sur la carte, la flèche de direction parallèle à la droite A-B. Tourne la couronne mobile pour amener la graduation 0 sous l'aiguille indiquant le nord. L'angle ainsi réalisé est ton azimut.

13

Attention

Si tu te perds, monte sur une hauteur d'où tu peux choisir des repères précis. Si le repère est trop large (village, montagne), vise un détail bien évident (clocher, pic). De nombreuses erreurs de visée risquent de t'entraîner loin du but. Avec ta carte orientée, trouve trois éléments du paysage, à droite, à gauche, dans ton dos (clocher, colline, château d'eau...). Repère-les sur ta carte (au 1/25 000) et relie les points : tu te trouves dans ce triangle !

Sans boussole

Règle ta montre sur l'heure solaire (voir p. 16). Oriente la petite aiguille vers le soleil ; la bissectrice de l'angle formé par cette aiguille et midi te donnera la direction du sud. La grande aiguille ne sert à rien.

Oiseaux migrateurs

Par temps clair, des migrateurs comme les cigognes, les oies sauvages ou les hirondelles se dirigent surtout grâce à des repères : montagnes, fleuves, côtes.

Marcher à la boussole

Sur de grandes distances, prends ton azimut et procède par étapes. Une fois le premier repère atteint, vises-en un nouveau, et ainsi de suite jusqu'à la destination finale.

*Des **encadrés** t'apportent des informations complémentaires pour mieux utiliser ton matériel et te rappeler les consignes de prudence à observer.*

*Des **schémas** de mise en situation t'aideront à bien comprendre la marche à suivre pour acquérir, sur terre et sur les mers, les connaissances nécessaires pour bien te repérer.*

***Avant de commencer,** lis attentivement les pages 4 et 5 : tu y trouveras une définition de l'orientation ainsi que de précieux conseils.*

Ensuite à toi de jouer...

À la fin de ton carnet, tu trouveras :

- *des astuces pour devenir un as de l'orientation et te sentir à l'aise dans la nature ;*
- *des jeux à organiser seul ou à plusieurs, à l'intérieur ou en plein air, pour mettre en pratique tout ce que tu auras appris.*

Qu'est-ce que l'orientation ?

L'orientation consiste à situer l'endroit où tu te trouves par rapport aux 4 points cardinaux : l'est, le sud, l'ouest et le nord. Dans la nature, il est important de savoir s'orienter, tout simplement pour ne pas se perdre ! Pour cela, tu dois posséder le « sens de l'orientation ». Rassure-toi, ce n'est pas un don mais une chose qui s'acquiert avec une carte et un peu d'entraînement.

Attention !

Épuisement, chutes, refroidissement, déshydratation... Se perdre peut avoir des conséquences dramatiques. Alors, un conseil : sois au moins aussi débrouillard que la mygale.

Suivez le fil

La mygale, comme la plupart des invertébrés, est une super-championne de l'orientation. Pour retrouver son terrier, elle avale au retour le fil de soie sécrété à l'aller. Si tu as peur de te perdre, fais comme elle : laisse des indices le long de ton chemin. Mais souviens-toi qu'à notre époque tu peux facilement retrouver ton chemin en remplaçant les cailloux par une carte et une boussole.

Avoir le sens de l'orientation

C'est être capable de retrouver la direction d'où tu es venu. Fais un test : essaye, lors d'une promenade, de retourner à ton village ou ta voiture.

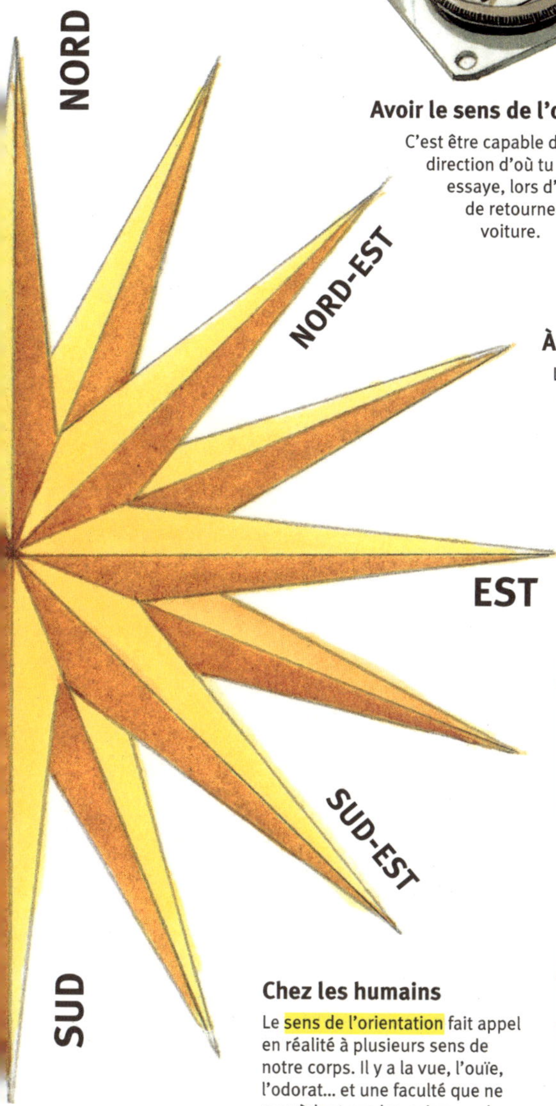

À l'est

Le mot « orient » vient du latin *oriens*, « qui se lève ». C'est à l'orient que le soleil se lève. L'orient fait partie des 4 points cardinaux ; il est aussi baptisé : levant ou... est.

Chez les humains

Le sens de l'orientation fait appel en réalité à plusieurs sens de notre corps. Il y a la vue, l'ouïe, l'odorat... et une faculté que ne possèdent pas les animaux : le raisonnement.

À table !

Tu peux situer une ville, un édifice ou une montagne sur une table d'orientation en pierre ou en ciment, parfois décorée de jolies mosaïques. Perchée au sommet d'une colline, elle reproduit le panorama que tu as sous les yeux en indiquant le nom de chaque lieu avec les 4 points cardinaux. Pour en trouver une, tente ta chance en suivant les pancartes marquées « belvédère ».

Se servir d'une carte

Quand tu pars en balade, à pied ou à bicyclette, glisse toujours une carte dans ton sac à dos. Comme il en existe plusieurs, tu dois d'abord choisir la mieux adaptée à ta randonnée. En la dépliant, tu auras peut-être l'impression que c'est « du chinois ». En fait, chaque signe représente un élément du paysage que tu vas parcourir. Savoir lire une carte, c'est facile... Il suffit de jouer au détective !

Les signes topographiques

En voici plusieurs, couramment utilisés pour représenter des éléments du paysage. Amuse-toi à les reconnaître sur une carte.

château

sentier

curiosités diverses

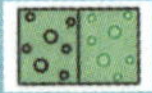

bois de feuillus

route principale

chemin de fer

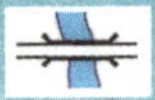

pont

La carte topographique

La topographie consiste à reproduire sur une carte les formes du terrain avec ses détails. Plus l'échelle d'une carte topographique est petite, moins les détails seront précis. Toutes les abréviations utiles pour la lire se trouvent dans la marge. Grâce à ces petits signes, tu as vite fait de repérer une route, une rivière ou un joli point de vue à ne pas manquer.

L'altimètre

En montagne, ce baromètre de précision calcule l'altitude selon la pression de l'air. À la place des hectopascals, ce baromètre a une échelle en mètres, calculée d'après une échelle standard. À porter autour du cou, pour lui éviter les chocs.

Le curvimètre

Cet appareil (bon marché) est muni d'une roulette que tu fais circuler entre les 2 points à mesurer. Réglé sur l'échelle de la carte, il affiche aussitôt les kilomètres.

L’échelle

C’est le rapport entre une longueur mesurée sur une carte et la longueur réelle correspondante. Exemple : pour une carte au 1/250 000, 1 cm représente dans la réalité 250 000 cm = 2,5 km. Si tu veux connaître la distance qui sépare un point d’un autre, note-les sur une bande de papier, que tu reportes sur l’échelle graphique en marge de ta carte.

Le relief

Il est symbolisé par des lignes, les courbes de niveau, qui sont d’autant plus rapprochées que la pente est forte. Le chiffre à côté donne leur altitude au-dessus du niveau moyen de la mer.

Cartes en série

L’Institut géographique national édite des séries de cartes (bleue, orange, verte) où chaque couleur correspond à une échelle. Elles sont en vente à l’IGN et dans les librairies. La série bleue (1/25 000) remporte l’oscar du détail. Elle est idéale pour les promenades à pied. Avec elle, tu peux même savoir le nom des arbres des bois que tu traverses.

Tracer une carte

La prochaine fois que tu fais ta promenade préférée, note chaque détail du paysage. À ton retour, dessine ta propre carte topographique avec colline, forêt, lac, route, monument, etc. Trace ensuite ton itinéraire en rouge. Ainsi, même dans un an, tu pourras de nouveau l'emprunter. Mais attention : un bon croquis doit être orienté (le nord doit être indiqué) et reproduit à l'échelle (voir p. 7). Pour voir si tu es un bon topographe, compare ton œuvre avec la vraie carte des lieux.

Sois prudent

Si, emporté par ton élan, tu décides de t'aventurer plus loin que prévu dans la nature, songe au retour. Avec la fatigue, la marche est plus lente et, par conséquent, plus longue...

Crée des logos

En marge de ta carte, dessine tes propres logos. Utilise des couleurs : par exemple, du vert pour une forêt.

forêt

lac

route

champ

Fragile !

À force de sortir et de replier une carte toutes les 5 minutes, elle s'abîme. Glisse-la dans un porte-carte transparent, muni d'un solide lacet. Il y en a dans les boutiques de randonnée, mais tu peux aussi le fabriquer. Prends 2 plastiques transparents ou une pochette plastique de classeur. Découpe, scotche en laissant une ouverture. Colle ou agrafe un cordon. Et hop, autour du cou !

Sois malin

Évalue le relief de ton parcours en établissant son profil. Place une feuille de papier millimétré sur ta carte, note divers points d'altitude. Une fois ces points reliés, tu verras ce qui t'attend.

Sans carte

Pourquoi pas ? C'est un bon exercice d'observation. Pour revenir à son terrier, la guêpe fouisseuse enregistre en partant les accidents de terrain (cailloux, trous, monticules de terre, etc.) autour de l'entrée. Fais comme elle : choisis un trajet court et retourne-toi souvent pour repérer les indices qui t'aideront à rebrousser chemin sans problème.

Utiliser une boussole

Tout aussi importante que la carte, la boussole fait partie du matériel d'orientation de base. Elle t'aide à déterminer ta situation, que tu sois en forêt, à la montagne, en plaine ou sur le littoral. C'est un instrument obstiné mais fidèle. En effet, quelle que soit ta façon de tenir le boîtier, l'aiguille pointe toujours vers le nord. C'est d'ailleurs ce qu'il faut attendre d'elle ! Grâce à ce petit instrument, si tu sais bien t'en servir, tu ne te perdras jamais.

À la loupe

Regarde de près : ta boussole est une aiguille aimantée montée sur un pivot au centre d'un cercle gradué de 0 à 360°. C'est une invention chinoise.

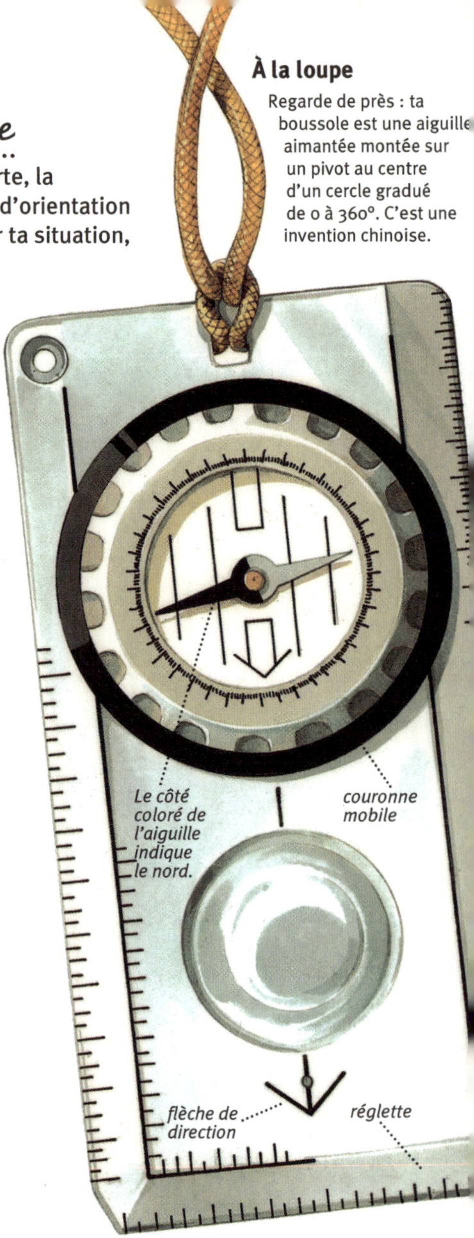

boussole à plaquette

Comment ça fonctionne ?

Le magnétisme terrestre attire irrésistiblement l'aiguille aimantée de la boussole vers le nord, baptisé aussi « pôle magnétique » ou « nord magnétique ».
Si le nord magnétique coïncidait avec le nord géographique, ce serait idéal. Hélas, ce n'est pas le cas. Le pôle magnétique est situé à environ 2 250 km au sud du pôle géographique. Que de complications !...

Boussoles en stock

Il existe plusieurs types de boussoles : la boussole simple, la boussole à plaquette et celle à miroir. Le vendeur t'expliquera les avantages de chaque modèle. La boussole marine s'appelle le compas. La boussole à plaquette est en plastique transparent. Son boîtier mobile et sa flèche de visée t'aideront à calculer ta route.

boussole simple

boussole à miroir

boussole à plaquette

Les cardinaux en degrés

Sur tous les types de boussoles, les 4 directions sont indiquées en degrés : le nord correspond à 0°, le sud à 180°, l'est à 90° et l'ouest à 270°.

Qualités

Une boussole doit indiquer le nord sans s'affoler (aiguille trop sensible). Son cadran doit être parfaitement lisible : points cardinaux, graduations gravées, repères phosphorescents.

Trouver le nord

Tiens la boussole à plat dans ta main et pivote sur toi-même jusqu'à ce que l'aiguille aimantée coïncide avec la graduation marquée 0°, c'est-à-dire le nord magnétique. Ne mets pas ta main trop près de ton corps, sinon la boussole risque d'être perturbée par des objets métalliques : trousseau de clés, couteau, monture de lunettes...

Orienter une carte

Cela signifie que tu dois la tourner pour que le nord de ta carte (qui donne généralement le nord géographique) corresponde au nord du paysage. Facile ! Aligne l'axe nord-sud de ta boussole sur le côté vertical de la carte et fais pivoter le tout jusqu'à ce que l'aiguille pointe dans la même direction.

Deux conseils

→ Ne range pas ta boussole avec d'autres objets en métal. Au contact de leur champ magnétique, elle serait toute désorientée... Autrement dit, inutilisable !

→ Ta boussole est fragile. Pas d'expositions prolongées au soleil, de chocs ou de manipulations brutales. Évite l'humidité (pour les modèles non étanches).

Azimuté !

Pour aller dans une direction précise, prends ton azimut. Repère sur la carte l'endroit où tu te trouves (A) et celui où tu veux te rendre (B). Oriente ta carte. Trace une droite allant du point A au point B. Pose ta boussole sur la carte, la flèche de direction parallèle à la droite A-B. Tourne la couronne mobile pour amener la graduation o sous l'aiguille indiquant le nord. L'angle ainsi réalisé est ton azimut.

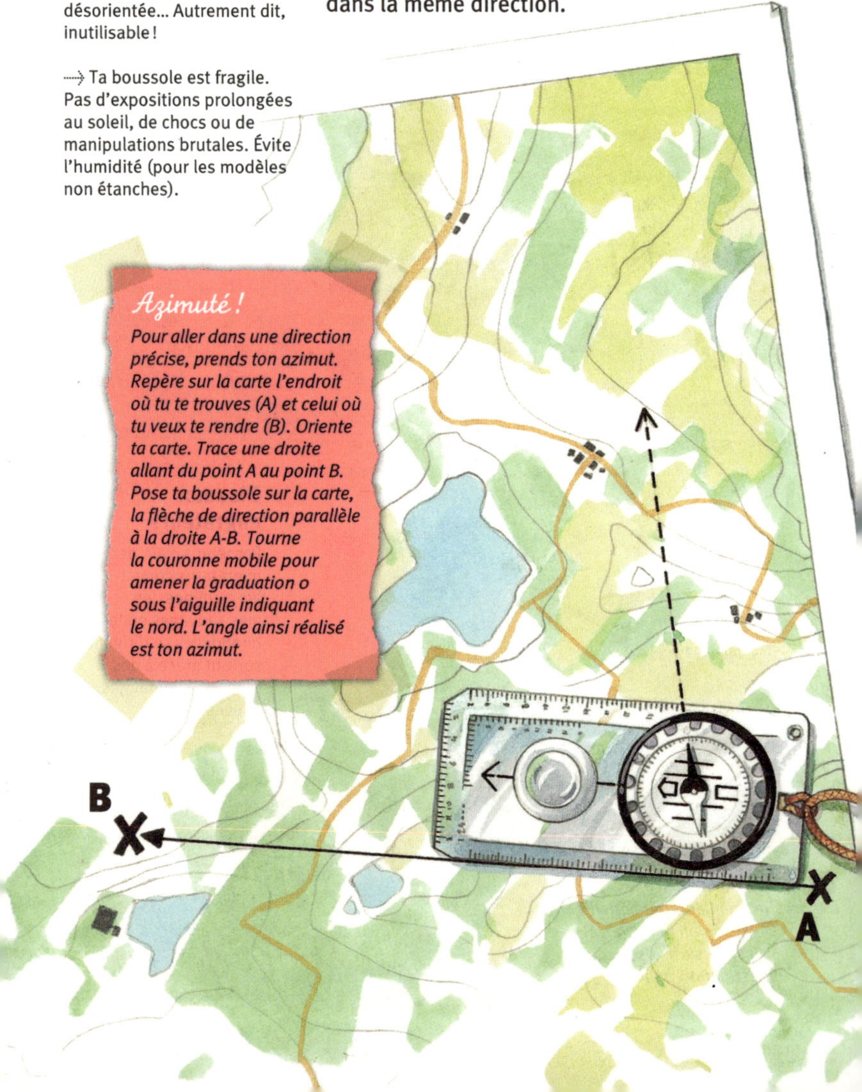

Attention

Si tu te perds, monte sur une hauteur d'où tu peux choisir des repères précis. Si le repère est trop large (village, montagne), vise un détail bien évident (clocher, pic). De nombreuses erreurs de visée risquent de t'entraîner loin du but. Avec ta carte orientée, trouve trois éléments du paysage, à droite, à gauche, dans ton dos (clocher, colline, château d'eau...). Repère-les sur ta carte (au 1/25 000) et relie les points : tu te trouves dans ce triangle !

Sans boussole

Règle ta montre sur l'heure solaire (voir p. 16). Oriente la petite aiguille vers le soleil ; la bissectrice de l'angle formé par cette aiguille et midi te donnera la direction du sud. La grande aiguille ne sert à rien.

Oiseaux migrateurs

Par temps clair, des migrateurs comme les cigognes, les oies sauvages ou les hirondelles se dirigent surtout grâce à des repères : montagnes, fleuves, côtes.

Marcher à la boussole

Sur de grandes distances, prends ton azimut et procède par étapes. Une fois le premier repère atteint, vises-en un nouveau, et ainsi de suite jusqu'à ta destination finale.

Sextant, compas et carte marine

Sur mer, peut-être encore plus que sur terre, l'orientation est vitale. Il faut savoir déterminer exactement la position géographique d'un bateau et calculer le cap à suivre pour arriver sain et sauf à destination. Puisque tu n'as pas l'âge de larguer les amarres, familiarise-toi avec les instruments de navigation. Tu pourras, un jour, devenir capitaine, ou plutôt « skipper », comme disent les marins !

Le sextant

Il sert à déterminer la position d'un bateau en mesurant la hauteur du soleil au-dessus de l'horizon. De nos jours, le navigateur suit sa route assisté par les satellites, qui lui permettent régulièrement de faire le point. Mais en cas de panne, le sextant est toujours là !

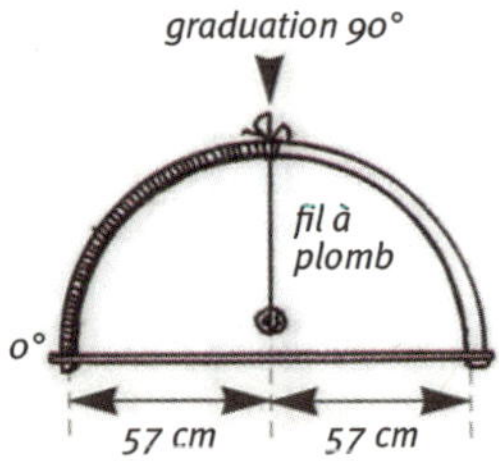

Fabriquer un sextant

Coupe une branche de 1,20 m de long. Fais une entaille au milieu et une de chaque côté, à 57 cm. Prépare une tige (1,90 m) avec une encoche au milieu, puis gradue à moitié, de 0 à 90° (espace : 1 cm). Fixe-la comme sur le croquis, avec une pierre suspendue à une cordelette.

Utilisation de ton sextant

Utilise une flaque d'eau ou une cuvette remplie à ras bord et enterrée : leur surface servira d'horizon artificiel. Place ton sextant au ras de l'eau (pierre face à l'encoche centrale) dans la visée du soleil. Son reflet, pile sous la pierre, à la hauteur de ton œil, te fournit celle du soleil !

Le compas magnétique

Gradué à 360°, il comporte une rose des vents et une « ligne de foi » figurant la direction de la quille : son orientation par rapport à la rose des vents donne le cap suivi. Un bateau étant construit avec des éléments métalliques, il faut régler son compas avant le départ. On répartit donc, ici et là, des aimants qui annulent les effets perturbateurs.

Le compas de relèvement

Près des côtes, on relève la position de 3 points de repère avec le compas de relèvement, et on reporte ces indications sur la carte.

Les symboles marins

Procure-toi une carte marine dans une librairie spécialisée et cherche à reconnaître ces symboles, valables sur presque toutes les mers du monde.

sémaphore

tourelle

phare

La carte marine

Avec elle, le navigateur possède toutes les informations nécessaires au tracé de sa route : latitude, longitude, échelle de mesure des distances, relief et profondeur de la mer, etc.

S'orienter avec le soleil

Partout où tu te trouves dans la nature, cet astre serviable te fournira l'heure, t'indiquera une direction et t'aidera à prévoir le temps... À condition de savoir qu'il se lève à l'est et se couche à l'ouest et qu'à son point culminant il brille plein sud et marque midi. Alors, fais du soleil ton meilleur ami.

Quelle heure est-il ?

L'heure légale : c'est l'heure solaire plus 1 heure en hiver et 2 heures en été. Exemple : quand tu as 13 h à ta montre en hiver, il est en fait midi au soleil. Quand tu as 13 h à ta montre en été, il est en fait 11 h au soleil.

Ton cadran solaire

❶ *Trace un cercle sur une planche plate, puis pose cette dernière parfaitement à l'horizontale.*

❷ *Fixe au centre une tige de fer (le style), inclinée selon un angle égal à la latitude du lieu (tu trouveras en marge d'une carte ; en France, elle se situe entre 42° et 51°).*

❸ *Oriente ton cadran pour qu'à midi, le style marque le nord. Chaque heure, coche sur le cercle la pointe de l'ombre du style.*

Si tu pars camper plusieurs jours avec des amis, il te suffit d'emporter et d'installer ton cadran pour fournir l'heure solaire, légale... et collective !

Un bâton

Plante-le verticalement sur un terrain plat, à midi (l'heure solaire). Marque l'extrémité de son ombre. Recommence après un quart d'heure ; les 2 points reliés forment l'axe est-ouest et sa perpendiculaire l'axe nord-sud.

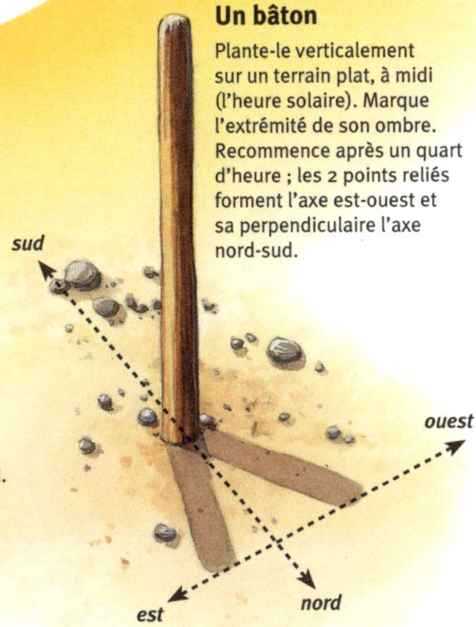

La course du soleil

Le soleil peut t'aider à repérer le nord. Garde en mémoire que :

- à 6 h (heure solaire), il est situé plein est ;
- à 9 h, sud-est ;
- à midi, sud ;
- à 15 h, sud-ouest ;
- à 18 h, ouest.

Mais tout cela est approximatif et dépend de la saison. En hiver, par exemple, il se couche avant 18 h et... avant d'avoir atteint l'ouest.

Shopping

Tu peux acheter une montre solaire, fonctionnant sur le principe du cadran. En vente dans les magasins de randonnée, elles sont jolies et plus pratiques à transporter !

Ta main

Tu peux calculer le temps qui reste avant le coucher du soleil. Compte le nombre de mains entre l'astre et l'horizon : 1 main = 1 heure. En montagne, grimpe sur un sommet.

Orientation vitale

Dans le règne animal ou végétal, l'orientation conditionne la vie. C'est ainsi que les anémones de mer et les fleurs de tournesol en bouton suivent quotidiennement le soleil dans sa course.

Le vent et les nuages

Ces éléments naturels, souvent indissociables, t'aideront à trouver une direction mais aussi à prévoir le temps. Ta promenade préférée, au soleil, peut se révéler un enfer sous une pluie battante ou dans le brouillard. Lève la tête : observe la forme des nuages et leur course dans le ciel ; apprends les autres noms d'Éole et tu pourras partir en balade, mains dans les poches, nez au vent !

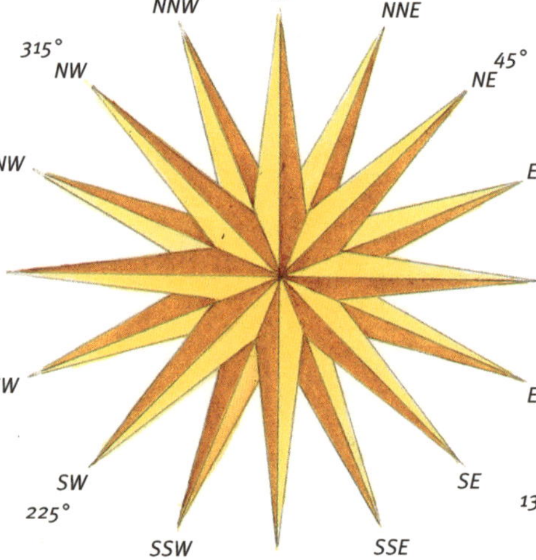

La rose des vents

Cette figure indique les 16 directions du vent. Mémorise-la, puis trace avec un crayon et une règle les grandes lignes du vent avec les initiales de chaque direction.

Espèce de girouette !

Pour te familiariser avec les directions du vent, choisis un fanion ou un ruban solide. Fixe-le à un poteau, sur un terrain à plat, à l'écart de tout ce qui pourrait faire obstacle (maison, haie). Autour du poteau, plante des repères indiquant les points cardinaux. Quand tu vois flotter le ruban de profil, tu as la direction du vent.

Astuces

Pour savoir d'où vient le vent : jette des brindilles en l'air ou laisse flotter un fil au bout d'un bâton. Un doigt mouillé levé ou la fuite des vagues sur un étang sont également des indications.

Sculptures orientées

Roches, dunes de sable ou monticules de neige sont creusés par la force des vents dominants. Observe le paysage et tu pourras, avec l'expérience, situer les points cardinaux.

Miroir à nuages

Pose une vitre sur un papier noir. Encadre le tout avec un carton représentant la rose des vents. Oriente le miroir au nord : tu verras où vont les nuages et d'où ils arrivent.

Nez en l'air

Le vent transporte des odeurs qui t'informent sur l'endroit d'où il souffle. Si tu as du mal à retrouver ton chemin, fie-toi à ton nez. Il te mènera droit à la mer, à un champ ou une ville !

Sur le littoral

Un amas de nuages trahit la présence d'un rivage proche… Avant même de les apercevoir, les cris des oiseaux, portés par le vent, indiquent la mer, ou la terre pour le navigateur.

La lune et les étoiles

Les astres scintillants de la nuit ne sont pas seulement destinés à te faire rêver… Mais voilà, on ne les apprivoise pas avec la même rapidité qu'on apprend à utiliser une boussole. Il faut les connaître et, pour cela, les observer longtemps, minutieusement. Si tu es patient, ils te livreront leurs secrets sur terre comme sur mer, avec un petit crochet par la Voie lactée.

La course des étoiles

Elles se lèvent à l'est, montent au zénith et se couchent à l'ouest. Nuit après nuit, elles passent à la même distance de la Terre mais pas dans le même coin du ciel ! En étudiant la position d'une étoile un soir, à une heure précise, et en vérifiant le lendemain, tu t'apercevras qu'elle s'est déplacée légèrement, dans le sens inverse des aiguilles d'une montre.

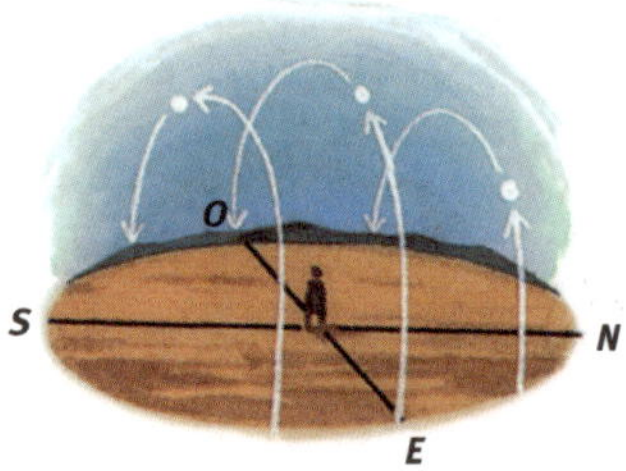

Face à face

Plante 2 bâtons de longueur inégale, de façon à pouvoir viser les 2 pointes. Vise une étoile : son mouvement apparent te dira à quelle direction tu fais face.
⇢ Vers la droite : face au sud.
⇠ Vers la gauche : face au nord.

Où ?… Quand ?

Pour observer les plus brillantes, visibles malgré les lumières terrestres, poste-toi sur une colline au coucher du soleil. Repère les constellations (groupes d'étoiles) sur une carte.

Truc

Si tu dois, à la nuit tombée, te servir d'une lampe électrique pour consulter la carte céleste, masque-la avec un cache rouge : un œil habitué à l'obscurité doit le rester !

Le ciel à la carte

Il te suffit d'acheter des minicartes avec disque mobile ; elles donnent, pour chaque jour et chaque heure, la partie du ciel visible au moment de l'observation.

L'étoile Polaire

L'étoile Polaire guidait les troupeaux dans leur transhumance, en montrant le nord. Cherche-la au-dessus de la Grande Ourse, en queue de la casserole de la Petite Ourse.

Phases de la lune

Avec ce tableau, oriente-toi selon les phases de la lune. À 18 h (heure solaire), tu constates que la pleine lune se trouve à l'est, à minuit au sud, à 6 h à l'ouest et à midi au nord.

phase	est	sud	ouest	nord
nouvelle lune	6	12	18	24
premier quartier	12	18	24	6
pleine lune	18	24	6	12
dernier quartier	24	6	12	18

ciel visible le 15 juillet à minuit

Morceaux de croissants

Dans le premier quartier (lune croissante), les cornes indiquent l'est ; dans le dernier quartier (lune décroissante), elles montrent l'ouest.

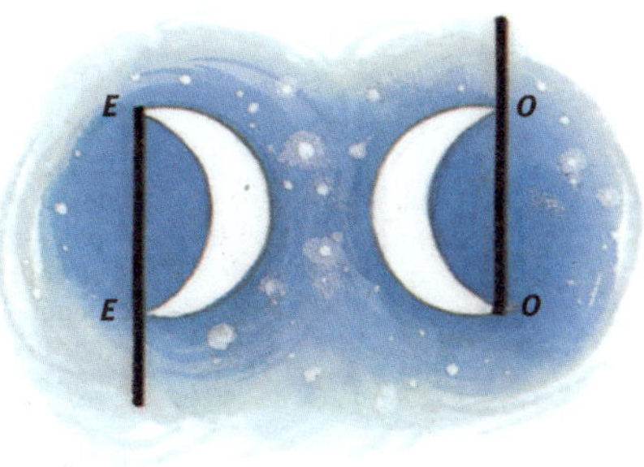

Avec une souche

Quand un arbre a été coupé, le dessin des anneaux sur la souche indique l'axe nord-sud. Leur croissance étant plus importante côté sud, les anneaux y sont nettement plus espacés.

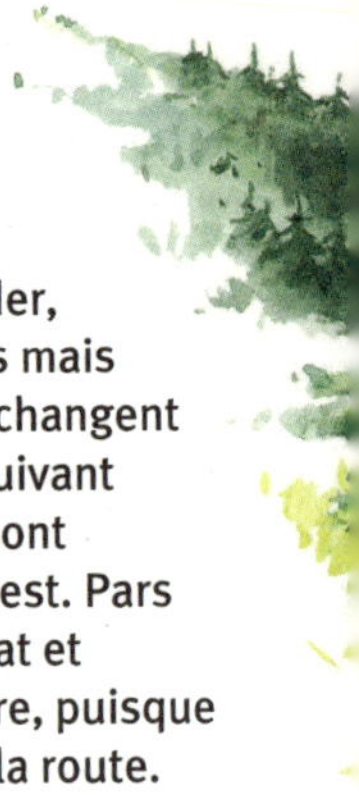

Les végétaux

Les plantes, pour qui sait les regarder, sont capables de mouvements lents mais précis. Leurs feuilles, entre autres, changent de position au fil de la journée en suivant la course du soleil. Le matin, elles sont orientées vers l'est, le soir vers l'ouest. Pars à la découverte de cet univers délicat et mystérieux, sans crainte de te perdre, puisque les plantes sont là pour te montrer la route.

Arbres tordus

Des troncs et des feuillages systématiquement inclinés dans le même sens indiquent la direction des vents dominants. Exemple : le nord, pour le mistral. Renseigne-toi avant de partir.

Repère salé

Certaines plantes adorent le sel : leur présence trahit celle de la mer, toute proche. En suivant le rivage, tu es sûr au moins d'arriver dans un endroit habité ! En voici trois exemples.

Au sud

Les plantes ont besoin du soleil pour grandir ; elles ont par conséquent tendance à pousser là où il brille le plus. À la montagne, trouve le versant sud en cherchant le plus fleuri !

Au nord

Examine la mousse sur les arbres. En principe, elle est verte et touffue au nord (jaunâtre ou marron, de l'autre côté). Cette indication varie, en raison de microclimats ; dans le doute, vérifie ta direction.

Truc tronc

Les arbres avec une écorce veinée, comme le chêne, ont les veines plus serrées sur la face nord du tronc. Avec ce truc, tu auras moins de risques de t'égarer.

Horloge florale

Les fleurs s'ouvrent et se ferment généralement à heures régulières. Partant de cette constatation, le grand botaniste Linné a établi une horloge florale. Voici quelques repères.

Observe les fleurs à ton tour, celles du chèvrefeuille, par exemple, et note leurs horaires d'ouverture et de fermeture.

7 h-8 h : le bleuet s'ouvre

10 h-11 h : la tulipe s'ouvre

16 h : le liseron des champs se ferme

Le balisage

Le promeneur que tu croises, pots de peinture et pinceaux à la main, n'est pas un peintre égaré dans les bois... Au contraire, il pose des balises, des marques, afin que toi tu ne te perdes pas ! Une véritable armée de bénévoles s'active ainsi toute l'année à tracer des itinéraires en pleine nature. Avec ce balisage, tu peux partir une heure ou traverser la France entière, si tu as le temps. Au choix...

Attention

Quand les balises sont partiellement effacées (ça arrive !), examine attentivement leur forme et leur couleur, sinon tu risques de mal les interpréter... et de prendre la mauvaise direction.

Les GR

Les sentiers de grande randonnée, « GR », sont numérotés. Leurs 40 000 km couvrent toute la France, à travers montagnes, vallées et bords de mer. Faire un GR en entier, c'est une expédition ! Tronçonne-le plutôt en choisissant sur la carte une portion d'itinéraire traversant un coin pittoresque. Bandes rouge et blanc.

Les PR

Courts mais nombreux (80 000 km), les sentiers de petite randonnée, « PR », durent quelques heures, une journée au maximum. Pars avec un pique-nique dans le sac à dos. Bandes jaunes.

En forêt

Des sentiers de découverte balisés te feront mieux connaître les forêts de ta région : arbres mais aussi fleurs, animaux.

Renseigne-toi auprès de l'Office national des forêts (ONF).

Sur la route

On identifie la plupart des routes par un numéro et une lettre, utiles à retenir. Si tu t'égares, retrouve-les sur ta carte ou demande ton chemin : « S'il vous plaît, je cherche la D 34... »

En montagne

Si tu fais des randonnées en raquettes ou en skis de fond, ne t'écarte jamais des pistes balisées : la neige cache parfois des crevasses dont la mince couche gelée peut craquer sous ton poids...

Balises des chemins de randonnée

continuité du sentier

changement de direction

mauvaise direction

Balise

Cette marque de couleur, en général sur un panneau ou sur un élément du paysage (rocher, arbre), t'indique la direction à prendre. La durée de la randonnée peut figurer sur le premier panneau.

Voir du pays

Certains sentiers en boucle, les « GR de pays », te ramènent toujours au point de départ. Leurs tracés te font découvrir la faune, la flore, la géologie d'une région.

Bandes jaune et rouge.

À vos marques !

Maintenant que tu sais te servir d'une boussole, d'une carte et même de la rose des vents, il ne reste plus qu'à partir à l'aventure. Pour compléter les pages précédentes, voici quelques trucs et conseils supplémentaires... Ils t'aideront à devenir un as de l'orientation et à te sentir parfaitement à l'aise dans la nature. C'est là que tu l'apprécieras vraiment !

Siffle

Pour que les autres te retrouvent, c'est moins fatigant que de crier ! Si tu ne sais pas le faire (langue sous les doigts), fabrique un sifflet avec une tige creuse.

Repère variable

Quand tu prends un repère dans le paysage, rappelle-toi qu'il change d'aspect avec les saisons : une montagne touffue, l'été, est parfois difficile à reconnaître, dénudée ou enneigée, en hiver.

Retrouve ta voiture

Si tu pars avec tes parents, il vaut mieux, en l'absence de parking, garer la voiture à un croisement, au sommet d'une côte ou près d'un repère évident : un ruisseau, un grand arbre, une borne...

Perdu !

Tu as fini par te perdre, sans carte ni boussole… Pas d'affolement : grimpe à un arbre ou sur un promontoire afin de repérer un indice familier. Si tu croises un sentier ou une rivière, suis-les : il y a des chances pour qu'ils aboutissent à une route ou un village. Au cas où tu déciderais de rebrousser chemin, balise ton itinéraire avec les moyens du bord (cailloux, branches mortes…).

Fais tes balises

Sur ton itinéraire habituel, laisse des marques de balisage : tas de pierres, traits à la craie, flèches de bois mort mais ne coupe pas de branches et n'entaille pas les troncs.

La nuit, tous les chats sont gris

Le parcours que tu fais habituellement de jour devient méconnaissable la nuit. Prévois ton temps de marche, la météo, et sois de retour avant le coucher du soleil.

Course d'orientation

Les règles sont précises. La course se pratique sur un terrain avec divers paysages (bois, collines, vallées, etc.). Chaque concurrent reçoit une carte (il a déjà sa boussole !) où sont notées des balises par lesquelles il doit passer obligatoirement. Il y a un départ… et une arrivée. Le gagnant est celui qui termine le premier, par l'itinéraire de son choix. Pour participer à une course d'orientation de ton âge, renseigne-toi auprès des clubs sportifs de ta région. Tu peux aussi en organiser une, avec des adultes qui t'aideront pour le tracé et les autorisations.

Jeux

S'orienter, avec ou sans matériel, c'est avant tout distrayant ! Parmi les jeux d'orientation, le plus connu est sûrement la course du même nom. Il en existe bien d'autres pour t'amuser seul ou avec des amis, à la maison ou dehors. Voici des idées de jeux… Que cela ne t'empêche pas de les perfectionner, ou mieux : d'en inventer.

départ

balises de repères

arrivée

Les points cardinaux

Les joueurs forment un cercle, selon les points cardinaux du croquis, autour du chef de jeu, placé au centre. Quand il ordonne, par exemple : « Ouest change avec Nord », les joueurs appelés échangent leur place le plus rapidement possible. Celui qui hésite ou se trompe est éliminé et remplacé. Si le chef appelle une direction vide et qu'un autre joueur bouge, il est également éliminé. Le vainqueur est celui qui reste.

Le voyageur

Les joueurs ont la même carte d'une région ; le chef de jeu annonce la ville de départ puis il décrit l'itinéraire du voyageur, sans citer les lieux (quelques noms de routes sont autorisés). Exemple : « Le voyageur sort de Tours et traverse un pont près d'une voie ferrée. Il suit la N 10, etc. » À la fin, le voyageur arrive obligatoirement dans une autre ville. Celui qui donne son nom a gagné.

L'oreille-boussole

Arrête-toi dans l'endroit de ton choix, assieds-toi puis écoute. D'abord les bruits proches puis ceux de plus en plus lointains. Note-les sur un papier en indiquant, selon toi, leur provenance d'après les points cardinaux. Vérifie ensuite avec ta boussole, en visant un repère dans chaque direction. Si vous êtes plusieurs, restez au même endroit et comparez vos observations.

Index

Cet ouvrage a été réalisé par les Éditions Milan avec la collaboration d'Élisée Georgev.
www.editionsmilan.com

Conception graphique de la couverture : studio graphique des Éditions Milan
Conception graphique de l'intérieur et réalisation : cedricramadier.com

300, rue Léon-Joulin, 31101 Toulouse Cedex 9 – France

Loi 49-956 du 16 juillet 1949 sur les publications destinées à la jeunesse
ISBN : 978.2.7459.4785.7
Dépôt légal : 4e trimestre 2014
Imprimé en Italie par Canale